LES PARTIES D'UNE PLANTE

LES FEUILLES

Un livre de la collection Les racines de Crabtree

ALICIA RODRIGUEZ

CRABTREE
Publishing Company
www.crabtreebooks.com

Soutien de l'école à la maison pour les parents, les gardiens et les enseignants

Ce livre aide les enfants à se développer grâce à la pratique de la lecture. Voici quelques exemples de questions pour aider le lecteur ou la lectrice à développer ses capacités de compréhension. Les suggestions de réponses sont indiquées en rouge.

Avant la lecture

- De quoi ce livre parle-t-il?
  - *Ce livre parle des feuilles.*
  - *Ce livre explique à quoi ressemblent les feuilles.*

- Qu'est-ce que je veux apprendre sur ce sujet?
  - *Je veux savoir de quelle taille peuvent être les feuilles.*
  - *Je veux savoir de quelle couleur peuvent être les feuilles.*

Pendant la lecture

- Je me demande pourquoi...
  - *Je me demande pourquoi les feuilles sont vertes.*
  - *Je me demande pourquoi les plantes ont des feuilles.*

- Qu'est-ce que j'ai appris jusqu'à présent?
  - *J'ai appris que les feuilles changent de couleur.*
  - *J'ai appris que les feuilles peuvent être grandes ou petites.*

Après la lecture

- Nomme quelques détails que tu as retenus.
  - *J'ai appris que les feuilles peuvent être de différentes couleurs, formes et tailles.*
  - *J'ai appris que la plupart des plantes ont des feuilles.*

- Lis le livre à nouveau et cherche les mots de vocabulaire.
  - *Je vois le mot* ***feuilles*** *à la page 3 et le mot* ***plantes*** *à la page 12.*

Voici des **feuilles.**

Certaines feuilles sont vertes.

Certaines feuilles sont brunes, rouges ou jaunes!

Certaines feuilles
sont grandes.

Certaines feuilles sont petites.

La plupart des **plantes** ont des feuilles!

Liste de mots

Mots courants

brunes
certaines
jaunes
petites
plupart
rouges
sont
vertes

La boîte à mots

feuilles

plantes

29 mots

Voici des **feuilles**.

Certaines feuilles sont vertes.

Certaines feuilles sont brunes, rouges ou jaunes!

Certaines feuilles sont grandes.

Certaines feuilles sont petites.

La plupart des **plantes** ont des feuilles!

CRABTREE Publishing Company

Autrice : Alicia Rodriguez
Conception : Rhea Wallace
Développement de la série : James Earley
Correctrice : Ellen Rodger
Conseils pédagogiques : Marie Lemke M.Ed.
Traduction : Annie Evearts
Coordinatrice à l'impression : Katherine Berti
Références photographiques :
Shutterstock : Triff : couverture; Nuk2013 : p. 1; sek_suwat : p. 3, 14; Lumir Jurka Lumis : p. 5; Giovanni Love : p. 6-7; Jhanohiki : p. 9; cedesstuff : p. 11, 14; Tania Zbrodko : p. 13, 14

LES PARTIES D'UNE PLANTE

LES FEUILLES

Crabtree Publishing Company
www.crabtreebooks.com 1-800-387-7650

Publié aux États-Unis
Crabtree Publishing
347 Fifth Avenue
Suite 1402-145
New York, NY, 10016

Publié au Canada
Crabtree Publishing
616 Welland Ave.
St. Catharines, Ontario
L2M 5V6

Imprimé au Canada/062021/CPC

Catalogage avant publication de Bibliothèque et Archives Canada

Titre: Les feuilles / Alicia Rodriguez ; texte français d'Annie Eveарts.
Autres titres: Leaves. Français.
Noms: Rodriguez, Alicia, auteur.
Description: Mention de collection: Les parties d'une plante | Les racines de Crabtree | Traduction de : Leaves. | Comprend un index.
Identifiants: Canadiana (livre imprimé) 2021026828X | Canadiana (livre numérique) 20210268301 | ISBN 9781039606142 (couverture souple) | ISBN 9781039606203 (HTML) | ISBN 9781039606265 (EPUB) | ISBN 9781039606326 (livre numérique avec narration)
Vedettes-matière: RVM: Feuilles—Ouvrages pour la jeunesse. | RVMGF: Documents pour la jeunesse.
Classification: LCC QK649 .R6314 2022 | CDD j575.5/7—dc23